¿Eres un AVE?

por THOMAS KINGSLEY TROUPE

amicus LEARNING

ilustrado por MARTINA ROTONDO

Hannah era un colibrí pequeño y entrometido. Quería aprender cosas. Ayer, un mosquito dijo una palabra rara.

"Seguro que no me gustan las aves", susurró el mosquito Georgia.

"¿Qué es un ave?", preguntó Hannah.

"¿Me estás tomando el pelo?", Georgia gritó. Luego salió volando hacia el bosque.

Hannah no bromeaba. Ella SÍ quería saber.

Hannah salió volando en busca de aves. Le preguntó a Randy la rata.

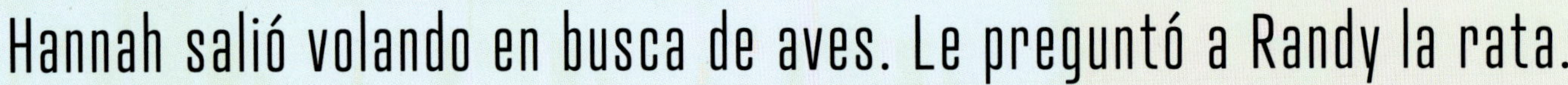

"Oh, no. Las aves vienen de los huevos. Mis hijos nacieron vivos", dijo Randy.

"¿Huevos?".

"Sí, las aves nacen de huevos de cáscara dura".

Entonces encontró a la tortuga Talulah,
que estaba poniendo huevos.

Talulah se rió. "No soy
un ave, hermana".

"La mayoría de las aves permanecen
en sus nidos para calentar los
huevos hasta que se abran".

6

"¿Adónde vas?", preguntó Hannah.

"Lejos de estos pequeños blandos", dijo Talulah.
"¡Mi trabajo aquí ha terminado!".

Hannah siguió mirando. Volando alrededor
del lago, divisó al pez Fernando.

"¿Eres un ave?", preguntó Hannah.
Los ojos de Fernando se desorbitaron.
"¡Oh, mis escamas!", dijo. "No soy un ave.
Las aves son de sangre caliente".
"¿Cómo es tu sangre?", preguntó Hannah.
"La mayoría de los peces son de sangre
fría. Nuestra temperatura corporal
coincide con la del agua en la que
estamos", dijo Fernando.

Escupió agua a Hannah.

Hannah encontró al gato Cali merodeando.

"¿Un ave?". Cali ronroneó y se lamió los labios. "No, no. ¿No te has enterrrrado? Las aves tienen pico".

"¿Pico? ¿Para qué?".
"Para comer".
"¡Pero tengo patas y garras para mi prrrresa!".
"¡Vaya!", gritó Hannah, escapando por poco de las garras del gato.

11

Hannah hizo una nota mental sobre los picos.
Luego vio al escarabajo Barry comiendo.

"Me temo que no, señorita", respondió
Barry. "Como puedes ver, tengo
alas pero no plumas".

"¿Las aves tienen alas?",
preguntó Hannah.

"En efecto", dijo Barry. "Pero otras
criaturas también las tienen. Sólo
las aves tienen plumas".

Voló hacia la osa Bertha, que estaba sentada en una cueva.

Bertha parecía sorprendida. "¿Un ave? Eso es muy gracioso", dijo Bertha. "La mayoría de las aves tienen huesos huecos".

"¿Huesos huecos?", preguntó Hannah.

"¡Son más ligeros para ayudar a las aves a volar y respirar!", dijo Bertha.

Hannah recordaría los huesos huecos.
Cerca del pantano, vio a la rana Forrest.

"¡Ay, caramba!", dijo Forrest.
"No soy un ave. Tengo que dar
saltitos. No puedo volar como
tú y la mayoría de las aves".

"No", dijo Forrest. "Las aves como los pingüinos, las avestruces y los emús no. Alas pequeñas, cuerpos grandes".

Hannah se encontró cerca de una granja.
Vio al gallo Rusty pavoneándose por ahí.

"¿Qué tal?", Rusty cacareó.
"Espera un momento", dijo Hannah.
"¿Eres un ave?".
"¡Lo soy!", dijo Rusty. "Tengo dos patas
y dos alas. Eso me convierte en un ave!".

"¡Eh, deberías venir a mi fiesta!",
invitó Rusty.

Hannah siguió a Rusty. Vio animales con plumas. Tenían pico.
Tenían dos patas y dos alas.

"¡Todos ustedes son aves!",
gritó Hannah.

"Sí", dijo Octavia la
avestruz, sonriendo.
"¡Y tú también!".

Hannah se miró a sí misma. Tenía plumas, pico, alas y dos patas. Ella también formaba parte del grupo.

"Claro que sí", gorjeó Hannah.

Las notas de Hannah

AVES . . .

- Nacen de huevos de cáscara dura.

- Usualmente permanecen con sus huevos para mantenerlos calientes hasta que se abran.

- Son de sangre caliente.

- Tienen pico.

- Tienen plumas.

- Tienen dos alas.

- Usualmente tienen huesos huecos.

- Tienen dos patas.

GLOSARIO

ala Una de las partes del cuerpo de un animal que utiliza para volar.

de sangre caliente Tiene una temperatura corporal que se mantiene más o menos igual independientemente de la temperatura del aire.

de sangre fría Tiene una temperatura corporal que cambia para adaptarse a la temperatura ambiente.

hueco Vacío por dentro, como una pajita.

pico La boca puntiaguda de un ave; los picos son duros y tienen formas diferentes según lo que coman las aves.

plumas Una de las partes ligeras y blandas que cubren el cuerpo de un ave.

AMICUS ILLUSTRATED es una publicación de
Amicus Learning, un sello de Amicus
P.O. Box 227, Mankato, MN 56002
www.amicuspublishing.us

Library of Congress Cataloging-in-Publication Data
Names: Troupe, Thomas Kingsley, author. | Rotondo, Martina, illustrator.
Title: ¿Eres un ave? / by Thomas Kingsley Troupe ; illustrated by Martina Rotondo.
Other titles: Are you a bird? Spanish
Description: Mankato, MN : Amicus Illustrated, [2025] | Series: Clasificación de los animales | Audience: Ages 6–9 | Audience: Grades 2–3 | Summary: "When nosy Hannah the hummingbird overhears Georgia the gnat saying she doesn't like birds, Hannah sets out on a mission to find out what exactly a bird is. After interviewing other animals and learning about the characteristics of birds, Hannah realizes that she too is a bird! Translated into North American Spanish. Includes fact page and glossary"— Provided by publisher.
Identifiers: LCCN 2024019228 (print) | LCCN 2024019229 (ebook) | ISBN 9798892003803 (library binding) | ISBN 9798892003865 (paperback) | ISBN 9798892003926 (ebook)
Subjects: LCSH: Birds—Juvenile literature. | Birds—Classification—Juvenile literature. | Animals—Classification—Juvenile literature.
Classification: LCC QL676.2 .T6618 2025 (print) | LCC QL676.2 (ebook) | DDC 598.01/2—dc23/eng/20240523

Impreso en China

Editora: Rebecca Glaser
Diseñadora: Kim Pfeffer

ACERCA DEL AUTOR

Thomas Kingsley Troupe es autor de más de 200 libros para jóvenes lectores. Cuando no está escribiendo, le gusta leer, jugar a videojuegos e investigar lugares encantados con la Twin Cities Paranormal Society. Si no, probablemente esté echándose una siesta o algo así. Thomas vive en Woodbury, Minnesota, con sus dos hijos.

ACERCA DE LA ILUSTRADORA

Artista desde siempre, Martina Rotondo cursó el Máster de Ilustración y Arte Conceptual en The Sign Academy de Florencia (Italia). Actualmente trabaja como ilustradora para editoriales italianas y extranjeras. Amante del dibujo tradicional, también investiga y experimenta constantemente con nuevas técnicas para crear sus personajes y fondos surrealistas y atractivos.